Inhalt

Innovative Planungsverfahren

Kernthesen

Beitrag

Fallbeispiele

Weiterführende Literatur

Impressum

Innovative Planungsverfahren

I.Zeilhofer-Ficker

Kernthesen

- Konventionelle Planungssysteme sind meist nicht in der Lage, maschinentaugliche Produktionspläne ohne menschliche Intervention herzustellen.
- Die Inkompatibilität der planungsrelevanten Daten wird, neben der großen Anzahl zu berücksichtigender Restriktionen, immer noch als größtes technisches Problem angesehen.
- Die Transpondertechnologie RFID soll sicherstellen, dass künftig Material- und Datenfluss im Gleichklang erfolgen.
- Die Lösungsansätze API und SCEM beschäftigen sich mit der Handhabung von

unvorhergesehenen Ereignissen und deren Auswirkung auf die Produktion.
- Trotz vieler Innovationen für Planungsverfahren wird es noch einige Jahre dauern, bis ein Kundenauftrag komplett automatisch in die Planung mit einbezogen, gefertigt und ausgeliefert wird, ohne dass die Notwendigkeit von menschlichem Eingreifen besteht.

Beitrag

Restriktionen konventioneller Planungssysteme

Die meisten Planungssysteme erheben für sich den Anspruch, die gesamte Produktionsplanung bis hin zur Fertigungssteuerung vornehmen zu können. In der Praxis werden sie diesem Anspruch aber aus verschiedenen Gründen kaum gerecht.

Ein Planungssystem muss alle Stadien eines Kundenauftrags unterstützen, von der Anfrage eines Liefertermins, über die Auftragsbestätigung, den Einkauf von Materialien, der Bereitstellung von Produktionskapazitäten, der Fertigung selbst und schließlich der Auslieferung und Berechnung der Fertigware. Schließlich sollte die Kostenrechnung und Kalkulation sowie das Controlling mit entsprechenden Daten versorgt werden.

Da Insellösungen für die Produktion allein mit diesen Aufgaben schon lange nicht mehr zurecht kommen, wurden bereichsübergreifende Lösungen entwickelt, die als ERP- (Enterprise Resource Planning) oder als SCM-Systeme (Supply Chain Management) auf dem Markt sind.

Für die Generierung eines Produktionsplans, egal ob für die Grob- oder Feinplanung, wird eine Vielzahl von Daten und Informationen benötigt, unzählige Faktoren müssen beachtet und berücksichtigt werden. Alle Auftragsdaten müssen erfasst sein, die Produktionskapazitäten im Detail bekannt, Rezepturen, Stücklisten und Produktionsabläufe dokumentiert, Lagermengen von Roh- und Halbfertigwaren einbezogen werden, ebenso die künftigen Lieferdaten von Materialien und Leistungen. Im Idealfall sollte man sogar wissen, welches Produkt auf welcher Maschine zu den günstigsten Kosten gefertigt werden kann.

Komplexe Produktionsprozesse beinhalten oftmals diverse Abhängigkeiten und Auflagen und der Prozessablauf muss bis aufs kleinste Detail eingehalten werden. Umweltauflagen, Dokumentations- und Rückverfolgungsvorschriften, Restriktionen der Arbeitsschichten und vieles mehr verkomplizieren den Fertigungsprozess und sind in den Produktionsplan einzuarbeiten.

All diese Daten sind zwar meist in diversen Systemen und Datenbanken verfügbar, häufig aber in unterschiedlichen Datenformaten, die oft nicht kompatibel miteinander sind. Für die Produktionsplanung wird deshalb nicht selten auf Standardvorgaben zurückgegriffen, da reale Echtzeit-Daten nicht verarbeitet werden können. (1)

Der Produktionsplan wird also aufgrund von Standardvorgaben mit statischen Daten des ERP-Systems errechnet und meist für eine gewisse Zeit "eingefroren". Dieser Plan ist die Basis der Feinplanung, die meist von einem Planer, Disponenten oder Vorarbeiter gemacht wird, d. h. die Maschinenbelegung und Auftragsreihenfolge wird ermittelt und der Fertigungsablauf entsprechend gesteuert. Ein rein systemgenerierter Feinplan, der mit Echtzeit-ERP-Daten ohne menschliche Intervention den Maschinenpark oder die Produktionsanlagen steuert, ist bisher kaum realisierbar.

Probleme ergeben sich vor allem dann, wenn

unvorhergesehene Ereignisse eintreten. Wenn beispielsweise dringende Aufträge eingeschoben werden müssen, wenn ein Liefertermin eines Zulieferers nicht eingehalten werden kann oder eine Maschine ungeplant ausfällt. Die wenigsten Planungssysteme können mit diesen "Events" umgehen und der Planer oder Disponent wird den Produktionsplan manuell ändern, um der neuen Situation gerecht zu werden. (5)

Die meisten systemgenerierten Produktionspläne, egal ob sie aus dem ERP- (Enterprise Resource Planning), dem APS- (Advanced Plannung und Scheduling), dem PPS- (Produktionsplanung und -steuerung) oder SCM- (Supply Chain Management) System kommen, sind also nur eine grobe Arbeitsgrundlage, die von den Planern verfeinert und angepasst werden muss.

Kein Wunder, dass sich APS-Lösungen bisher kaum durchgesetzt haben und die meisten Anwender über IT-Probleme klagen. Systemübergreifende Datenkompatibilität und eine weitaus höhere Flexibilität der Software werden verlangt, damit die oft versprochene Zeit- und Arbeitsersparnis im Planungsbereich realisiert werden kann. (2)

Technische Entwicklungen und Forschungen lassen hoffen, dass mit den neuen, innovativen

Planungsverfahren und -systemen endlich Produktionspläne verfügbar sein werden, die die Planungsarbeit vereinfachen und ohne menschliches Eingreifen die Fertigung steuern können.

RFID als Verbindung von Material- und Datenfluss

Beinahe alltäglich kommt es vor, dass die in der EDV gespeicherte Lagermenge nicht mit dem tatsächlichen Materialbestand übereinstimmt oder ein falscher Lagerort wurde registriert, so dass das Material nicht gefunden werden kann. Wird genau dieses Teil nun für die Fertigung gebraucht, bedeutet das meist nicht nur kostenintensive Eil-Nachbestellungen, sondern auch den Produktionsstillstand oder die manuelle Änderung des Fertigungsplans. Der Einsatz der RFID-Technologie (Radiofrequenz-Identifikation) soll nun endlich die Verbindung von Materialien und Daten herstellen, sodass die oben beschriebenen Fälle schlicht nicht mehr vorkommen können.

Hauptbestandteil von RFID-Systemen ist der Transponder, der am Bauteil selbst oder an der Umverpackung angebracht ist und Identifizierungs-Daten als Radiowellen aussendet. Über einen Scanner oder ein Lesegerät werden diese Daten aufgefangen und an eine Software zur Verarbeitung weitergeleitet. Da RFID ohne Sichtkontakt funktioniert und auch gegen Wasser und Schmutz relativ unempfindlich ist, verspricht man sich nicht nur eine Revolution der Lagerhaltung sondern auch in der Teileverfolgung im Produktionsprozess. (3)

SAP arbeitet seit einiger Zeit an der Verarbeitung von RFID-Daten im SCM-System. Bis zur Marktreife wird es aber noch dauern, und auch ein RFID-Standard für die notwendige Middleware wird erst entwickelt. (3)

Die Universität Dortmund hat zusammen mit der Arbeitsgemeinschaft industrieller Forschungsvereinigungen Otto von Guericke e. V. (AiF) ein Forschungsvorhaben ins Leben gerufen, das den Einsatz von RFID zur Steuerung von Produktions- und Logistikprozessen untersuchen will. Für das Projekt "Itelop" (Integration der Transpondertechnologie zur Erhöhung der Leistungsfähigkeit der operativen Produktionssteuerung) werden noch Pilotanwender gesucht. (4)

SCEM und API

Sowohl das SCEM (Supply Chain Event Management) als auch die API-Technologie (Adaptive Planning Intelligence) nehmen sich dem Problem der unvorhergesehenen Ereignisse an.

Adaptive Planning Intelligence

Die API-Technologie verarbeitet unternehmensspezifische Randbedingungen zur Erstellung von Produktionsplänen ähnlich einem Schachprogramm. Dabei gilt der Grundsatz, je mehr Restriktionen und Bedingungen bekannt sind, je besser wird der errechnete Plan. Mathematische Grundlage der API ist die quantbasierte kombinatorische Optimierung. Tritt ein unvorhergesehenes Ereignis ein, ändern sich die Bedingungen und die neue optimale Planungslösung wird über API errechnet. (1)

Supply Chain Event Management

Das SCEM setzt ebenfalls bei der Behandlung von Ereignissen an. Grundgedanke ist hier eine dezentrale Steuerungsänderung, ohne die zentralistische Gesamtplanung zu stören. Eine erfolgversprechende SCEM-Software sollte deshalb die folgenden

Aufgaben erfüllen können: (5)

- Über ein Monitoring-Tool werden laufend Echtzeit-Statusdaten der Supply Chain mit den gültigen Standardprozessdaten abgeglichen, die vorher festgelegt wurden.

- Werden Differenzen zu den Regelwerten festgestellt, setzt sich ein Notification-Prozess in Gang, d. h. der zuständige Sachbearbeiter wird per Email oder Internet über das Problem informiert.

- Eine Simulationskomponente sucht nach Alternativ-Lösungen, die durch ein Kontrollelement in der Software auf mögliche Auswirkungen auf den weiteren Supply-Chain-Prozess überprüft werden. Die optimale Alternative wird entweder vorgeschlagen oder Maßnahmen eingeleitet, die für die Alternativlösung notwendig sind.

- Die ermittelten Informationen werden über ein Measurement-Modul gespeichert, damit über die Key-Performance-Indicators (KPIs) die Auswirkungen von SCEM mess- und vergleichbar werden.(5)

Bei diesen Anforderungen wird klar, dass SCEM nur funktionieren kann, wenn die zu verarbeitenden Daten in einem Standardformat verfügbar sind. In der Industrie haben sich hierzu die SAP-Standards weitgehend durchgesetzt. Helfen können auch Transaktionsplattformen mit ihren Transfer- und Übersetzungsleistungen für heterogene Daten. (5)

Der Vorteil der bereits verfügbaren SCEM-Systeme ist, dass sie voll internetbasiert entwickelt wurden, so dass sich das Problem der Schnittstellen auf die betriebswirtschaftlichen Daten aus der ERP reduziert. Sind auch alle ERP- und Betriebsdaten im XML-Format vorhanden, kann SCEM im eigentlichen Sinne des "Managements von Ausnahmen" wirken. (6)

Evolutionäre Algorithmen

Durch den Einsatz von heuristischen - also angenäherten - Planungs- und Prioritätsregeln sind selbst die von APS-Systemen (Advanced Planning System) generierten Pläne qualitativ ziemlich schlecht. Ein besseres Ergebnis verspricht der Einsatz von "Evolutionären Algorithmen". Hier werden Planungsergebnisse immer wieder nach bestimmten Selektionsprinzipien neu errechnet, so dass sich durch fortwährende kleine Planänderungen schließlich die beste Planungslösung durchsetzt und keine Verbesserung mehr möglich ist. Dieser Prozess wird mit großem Erfolg in einem Unternehmen der Transportbetonindustrie eingesetzt. (7)

Dynamische Planung

Das Konzept der dynamischen Planung setzt daran an, dass heutige Planungssysteme zwar ein optimales Planungsergebnis für einen bestimmten Zeitpunkt ermitteln, die Auswirkungen aber auf spätere Planungsperioden vernachlässigen. Das dynamische Planungskonzept erlaubt die Generierung von alternativen Modelllösungen für die Supply Chain Konfiguration, die beispielsweise den "worst-average" oder "best-case" Fall repräsentieren und so zu optimaleren Planungsentscheidungen beitragen können. (8)

Der dynamische Planungsansatz wird als Erweiterung von bestehenden deterministischen Supply-Chain-Managementkonzepten verstanden und sollte bei Weiterentwicklungen der SCM-Software berücksichtigt werden. (8)

Fallbeispiele

Aktuelle Studien

Die Studie der Fraunhofer Institute IPA und IML sowie der Eidgenössischen TH Zürich bietet einen Überblick über Supply Chain Management Software. Die Studie beurteilt anhand von 350 Kriterien die Leistungsfähigkeit der wichtigsten Anbieter in Europa. (11)

ERP- und PPS-Systeme von mehr als 200 Anbietern werden in einer Markterhebung der RWTH Aachen und der Trovarit AG unter die Lupe genommen. Die Leistungsprofile von über 100 Anbietern wurden auf der Internetplattform www.it-matchmaker.com hinterlegt. Der gesamte Marktspiegel "Business Software ERP/PPS 2003" kann über den OXYGON Verlag GmbH, München, bestellt werden.

API im Einsatz

Bei der Dupont Herberts Automotive Systems in Wuppertal wird die Produktionsplanung mithilfe einer API-Lösung von Axxom Software durchgeführt. Die Lösung spart den Planern täglich drei Stunden Arbeitszeit ein. (1)

100 % Termintreue durch "Evolutionäre Algorithmen"

Für ein Transportbetonunternehmen mit 3 Produktionswerken lieferte die Initions AG, ein Spinn-Off des Instituts für Wirtschaftsforschung der Uni Hamburg, ein Planungsmodell, das auf dem Prinzip der "Evolutionären Algorithmen" arbeitet. Neben 100prozentiger Termintreue konnte eine Verringerung des Dispositionsaufwands sowie eine Reduzierung der Ausfahrten und des Fuhrparks erzielt werden. (7)

Ziel: kompatible Daten und Informationen

Microsoft arbeitet an einer Dotnet-basierten neuen Systemgeneration unter dem Namen "Next Generation". Bis 2005/2006 verspricht man sich das erste marktreife Produkt, das Systembrüche ausschließen will. (9)

Auch Manugistics standardisiert - die meisten Programme wurden nach Java portiert und laufen auf dem J2EE-Server "Weblogic". Daten aus ERP- oder anderen operativen Systemen werden über XML integriert. (12)

Weiterführende Literatur

(1) Wehmeyer, Uwe, Adaptive Planning Intelligence berechnet auf Basis der Betriebsdaten die ideale Maschinenbelegung - Per Schachspiel zur optimierten Produktion, Computer Zeitung, Heft 20, 2003, S. 27
aus fertigung, Heft 3-4/2003, S. 12-14

(2) Stolpersteine auf dem Siegeszug, DVZ, Nr. 075, 24.06.2003
aus fertigung, Heft 3-4/2003, S. 12-14

(3) Hudson, Bruce / Quack, Karin, Supply-Chain-Management/Die Vorteile und Fußangeln der Radio Frequency Identification - Vorsicht vor zu viel RFID-Euphorie, Computerwoche, 18.04.2003, Nr. 16, S. 40 - 41
aus fertigung, Heft 3-4/2003, S. 12-14

(4) Preuß, Thomas, Pilotanwender für Forschungsprojekt gesucht - Effizienter produzieren mit Transpondern, Industrieanzeiger, Heft 20, 2003, S. 34
aus fertigung, Heft 3-4/2003, S. 12-14

(5) Klaus, Peter / Dr. Prockl, Günter, Supply-Chain-Management/Vision und Realität des Supply-Chain-Event-Managements - Mit dem Unwägbaren rechnen, Computerwoche, 18.04.2003, Nr. 16, S. 38 - 39
aus fertigung, Heft 3-4/2003, S. 12-14

(6) Krüger, Manfred, Aus der Traum?, DVZ, Nr. 252, 02.05.2003
aus fertigung, Heft 3-4/2003, S. 12-14

(7) Transportplanung - Algorithmen für die optimale Tour
aus LOGISTIK HEUTE, Heft 6, 2003

(8) Pibernik, Richard, Einsatz dynamischer Planungsmodelle zur Unterstützung des Supply Chain Management, Wirtschaftswissenschaftliches Studium, Heft 1/2003, S. 20 - 26
aus LOGISTIK HEUTE, Heft 6, 2003

(9) Kieser, Dietmar, Gunter Strickert von MBS über die Lage im Vorfeld der Next-Generation-Entwicklung - "Die Vorteile spüren wir schon heute", Industrieanzeiger, Heft 22, 2003, S. 31
aus LOGISTIK HEUTE, Heft 6, 2003

(10) Hille, Armin, Lagerung als Eingeständnis von Ineffizienz, DVZ, Nr. 082, 10.07.2003
aus LOGISTIK HEUTE, Heft 6, 2003

(11) SCM-Studie zur Softwareauswahl
aus TextilWirtschaft 14 vom 03.04.2003 Seite 074

(12) .htmL ersetzt Windows-Clients - Manugistics stellt SCM auf Java-Fundament, Computerwoche, 25.04.2003, Nr. 17, S. 18
aus TextilWirtschaft 14 vom 03.04.2003 Seite 074

Impressum

Innovative Planungsverfahren

Bibliografische Information der deutschen Nationalbibliothek

Die Deutsche Nationalbibliothek verzeichnet diese Publikation in der deutschen Nationalbibliografie; detaillierte bibliografische Daten sind im Internet über http://dnb.d-nb.de abrufbar.

ISBN: 978-3-7379-1024-8

© 2015 GBI-Genios Deutsche Wirtschaftsdatenbank GmbH, Freischützstraße 96, 81927 München, www.genios.de

Alle Rechte vorbehalten. Dieses Werk ist einschließlich aller seiner Teile – z.B. Texte, Tabellen und Grafiken - urheberrechtlich geschützt. Jede Verwertung außerhalb der Grenzen des Urheberrechtsgesetzes bedarf der vorherigen Zustimmung des Verlags. Dies gilt insbesondere auch für auszugsweise Nachdrucke, fotomechanische Vervielfältigungen (Fotokopie/Mikroskopie), Übersetzungen, Auswertungen durch Datenbanken oder ähnliche Einrichtungen und die Einspeicherung und Verarbeitung in elektronischen Systemen.